ANALISI DEL LIBRO

AF142030

La Divina Commedia

· · · · · · · · · · · · · ·

DANTE ALIGHIERI

ANALISI DEL LIBRO

Scritto da Natalia Torres Behar
Tradotto da Sara Rossi

La Divina Commedia

· ·

DANTE ALIGHIERI

DANTE ALIGHIERI

POETA ITALIANO

- **Nato a Firenze, nel 1265 circa**
- **Morì a Ravenna nel 1321**
- **Opere degne di nota:**
  - *La vita nuova* (1293 circa)
  - *De Vulgari eloquentia* (*Sull'eloquenza in lingua volgare*, 1304-1307 ca.)
  - *Convivio*, 1304-1307 ca.

Dante Alighieri nacque a Firenze da una famiglia benestante e piuttosto altolocata. Suo padre, Alighiero di Bellincione, era un guelfo bianco, cioè sosteneva il Papa e la sua politica, in contrasto con i ghibellini, che appoggiavano il Sacro Romano Imperatore. La politica ebbe sempre un ruolo centrale nella vita di Dante: combatté come parte della cavalleria guelfa nella battaglia di Campaldino del 1289 e fu coinvolto nell'amministrazione della città di Firenze per diversi anni.

Quando aveva solo nove anni, Dante incontrò e si innamorò immediatamente di Beatrice Portinari, sebbene non le avesse mai parlato. Beatrice gli fornì l'ispirazione per molte delle sue opere successive, tra cui la *Vita Nuova* e *La Divina Commedia*, soprattutto dopo la sua morte nel 1290.

Le attività politiche di Dante lo condannarono all'esilio, prima per un periodo di due anni e poi definitivamente, e l'esilio divenne uno dei temi chiave de *La Divina Commedia*. Questo testo monumentale fu un progetto di scrittura di dimensioni mai viste prima a Firenze. Quando terminò il *Paradiso*, terza e ultima parte de *La Divina Commedia*, era ormai completamente disilluso dalla politica. Morì un anno dopo, quasi certamente a causa della malaria contratta durante i suoi viaggi.

LA DIVINA COMMEDIA

UN CAPOLAVORO DELLA LETTERATURA ITALIANA

- **Genere:** poema narrativo

- **Edizione di riferimento:** Alighieri, D. (2012) *La Divina Commedia: Inferno, Purgatorio, Paradiso*. Trans. Kirkpatrick, R. London: Penguin.

- **1ª edizione:** 1308-1320 circa (è impossibile fornire una data precisa, poiché il manoscritto originale non è sopravvissuto)

- **Temi:** amore cortese, storia della letteratura, religione, architettura, Islam, umorismo popolare, arte, musica

La Divina Commedia è una delle opere più significative della storia della letteratura mondiale: ha avuto un ruolo cruciale nell'affermare la lingua italiana come viene parlata e scritta oggi, e ha plasmato molte delle idee religiose che sono sopravvissute fino all'epoca moderna. Prima della sua apparizione, non esisteva una concezione standard dell'Inferno, ma Dante si è servito degli Apocrifi del Nuovo Testamento per dargli una forma e ha reso tangibili l'Inferno, il Purgatorio e il Paradiso popolandoli con figure politiche e religiose contemporanee. Ognuno di questi tre regni ha le proprie caratteristiche: L'Inferno è caotico, il Purgatorio è pieno di opere d'arte e il Paradiso è etereo.

Nel romanzo, un Dante disorientato viene guidato attraverso l'Inferno e il Purgatorio dal poeta romano Virgilio (70-19 a.C.). Il suo viaggio può essere visto come una metafora estesa dell'amore, in quanto viene poi guidato in paradiso da Beatrice, la sua amante morta e salvezza spirituale. Ha anche implicazioni politiche, poiché Dante sceglie se salvare o condannare una serie di personaggi contemporanei; in questo senso, il romanzo attinge a una forma di umorismo straordinariamente moderna.

La Divina Commedia fu scritta mentre il Medioevo stava volgendo al termine ed è spesso considerata uno dei primi segni dell'imminente alba del Rinascimento. L'influenza di entrambe le epoche è evidente in tutto il libro: la sua visione dell'amore e del mondo in generale è plasmata dalle credenze religiose del Medioevo, come si vede nel modo in cui Dio distribuisce ricompense e punizioni, mentre l'inclusione di pettegolezzi e problemi contemporanei riecheggia la preoccupazione umanistica per le vite ordinarie che ha caratterizzato il Rinascimento.

SINTESI

INFERNO

Tre bestie

Un Dante terrorizzato si ritrova in una selva oscura con una pantera, un leone e una lupa che lo inseguono. Mentre fugge, incontra il suo maestro Virgilio, che lo tranquillizza e gli dice di essere stato mandato dalla sua amante Beatrice per guidarlo. I due uomini si recano quindi all'Inferno. Sulla soglia incontrano gli apatici, condannati a essere inseguiti nel fiume Acheronte da insetti giganteschi.

L'Acheronte e il terremoto dell'Inferno

Dopo aver attraversato l'Acheronte, Dante raggiunge il Limbo, il primo cerchio dell'Inferno, dove i morti che non sono stati battezzati ricevono la loro punizione. Qui vengono puniti i poeti classici come Virgilio che, pur essendo brave persone, non hanno conosciuto Gesù. Alcune delle vittime, come Mosè, sono state poi trasportate in Paradiso da Gesù, che è sceso all'Inferno dopo la Resurrezione e ha scatenato un terremoto.

Nel secondo cerchio, Minosse giudica i lussuriosi, che vengono travolti da una terribile tempesta. Tra i personaggi di questo cerchio ci sono i famosi adulteri Paolo e Francesca.

Il terzo cerchio ospita i golosi, che vengono sepolti nel fango, colpiti dalla grandine e scorticati dalla bestia a tre teste Cerbero.

Gli avari e gli spendaccioni risiedono nel quarto cerchio, dove sono costretti a giostrare gli uni contro gli altri.

Il quinto cerchio ha la forma di una palude che conduce al fiume Stige. Qui vivono gli iracondi, che combattono tra loro mentre sprofondano gradualmente nel pantano, e i malinconici, che giacciono sotto la superficie delle sue acque fetide.

Entrano quindi nella città demoniaca di Dis, che comprende gli altri tre cerchi dell'Inferno. Nel primo (il sesto cerchio), gli eretici sono intrappolati in tombe in fiamme.

Il Minotauro e i fiumi di sangue bollente

Il Minotauro, una bestia mitica con il corpo di uomo e la testa di toro, custodisce il settimo cerchio dell'Inferno, diviso in tre anelli per punire i peccati di violenza e disumanità:

- il primo anello punisce gli assassini, che vengono immersi nel Flegethon, un fiume di sangue bollente, e sono sorvegliati da centauri che scagliano frecce contro di loro se cercano di fuggire;

- il secondo anello è per coloro che si sono fatti violenza da soli, ovvero persone che si sono suicidate, i cui corpi sono stati trasformati in alberi;

- il terzo e ultimo anello è per le persone che hanno commesso violenza contro Dio, la natura e l'arte; esse vengono colpite da una pioggia infuocata.

L'ottavo cerchio, dove vengono puniti gli ingannatori, è diviso in Tasche:

- Il primo di questi contiene ruffiani e seduttori, che vengono frustati dai demoni.

- Il secondo è pieno di adulatori, che sono sommersi dagli escrementi.

- Il terzo è per i simoniaci, cioè coloro che hanno venduto aiuti spirituali come la salvezza e posizioni nella Chiesa, che vengono messi in buche mentre le fiamme bruciano i loro piedi.

- Gli indovini hanno la testa dolorosamente girata e non sono in grado di guardare avanti per vedere dove stanno andando.

- I funzionari corrotti vengono immersi nel catrame bollente e inseguiti da eserciti di demoni se cercano di fuggire.

- Gli ipocriti sono costretti a indossare una tunica che è fatta d'oro all'esterno, ma di pesante piombo all'interno.

- I serpenti legano le mani dei ladri e li attaccano.

- I disonesti intellettuali, che hanno convinto altri a commettere frodi mentre erano in vita sono bruciati da grandi lingue di fuoco. Qui Dante incontra il leggendario eroe greco Ulisse e gli chiede cosa gli sia successo dopo la guerra di Troia. Ulisse risponde che si è perso dopo essere salpato, ha incontrato una montagna gigantesca che si è rivelata essere il Purgatorio e poi è stato spinto sotto le onde da un vento potente.

- I facinorosi, che hanno usato le loro parole e la loro influenza per creare divisione, vengono smembrati dai demoni che poi ricuciono le loro ferite.

- I contraffattori vengono lasciati deformi da orribili malattie.

Il Conte Ugolino il cannibale e Lucifero l'angelo caduto

Il nono cerchio, che ospita i traditori, si trova in fondo a un pozzo e ha la forma di un lago ghiacciato chiamato Cocito, diviso in quattro sezioni:

- Il primo di questi si chiama Caino ed è riservato a coloro che hanno tradito la propria famiglia. Sono immersi nel lago fino al collo e guardano verso il fondo.

- Il secondo livello, Antenora, ospita i traditori della patria, anch'essi immersi nel lago e con il collo congelato. Uno degli abitanti più famigerati dell'Antenora è il Conte Ugolino, raffigurato mentre rosicchia la testa di un altro prigioniero. Racconta a Dante di essere stato imprigionato con i suoi figli, che sapeva che stavano morendo e gli disse di mangiare i loro corpi per sostenersi. Alla fine, la fame lo ha spinto a commettere questo atto orribile.

- Coloro che hanno tradito i loro ospiti sono condannati al terzo livello, chiamato Ptolomea, dove giacciono a faccia in su nel ghiaccio e le loro lacrime si congelano.

- Il quarto e ultimo livello si chiama Giudecca ed è riservato agli individui che hanno tradito i loro benefattori. Vengono congelati nel ghiaccio, con i corpi contorti in posizioni dolorose.

Lucifero punisce i peccatori condannati al centro dell'Inferno per aver commesso un tradimento contro Dio, lacerando le loro carni con le bocche dei suoi tre volti. Uno di questi rappresenta Giuda, che ha tradito Gesù, mentre gli altri due rappresentano Bruto e Cassio, che hanno entrambi tradito Giulio Cesare.

Mentre Lucifero sbatte le sue enormi ali, Dante e Virgilio iniziano a scalare il suo corpo per uscire dall'Inferno. L'ascesa dura diverse ore, ma alla fine Dante riesce a vedere le stelle.

PURGATORIO

La purificazione dei peccati e le sette lettere sulla fronte

Il Purgatorio è diviso in sette terrazze, dove gli individui vengono purificati dai sette peccati capitali. Prima di raggiungere queste terrazze, Dante e Virgilio trascorrono un po' di tempo nell'Ante-Purgatorio, popolato da peccatori che si sono pentiti troppo tardi. Mentre Dante dorme, viene portato in Purgatorio da Santa Lucia. Un angelo gli incide sulla fronte sette volte la lettera "P" (che significa *peccatum*, cioè peccato), che scomparirà una dopo l'altra quando sarà purificato dai suoi peccati.

Le prime tre terrazze servono a purificare i peccati che hanno ferito le persone care del peccatore:

- La prima terrazza purifica il peccato di orgoglio. Presenta una scultura dell'Annunciazione, quando l'angelo Gabriele disse alla Vergine Maria che avrebbe dato alla luce il figlio di Dio, che serve come esempio di umiltà. Coloro che hanno commesso questo peccato sono costretti a scalare una collina con una pietra sulla schiena. Un angelo viene a cancellare la prima "P" dalla fronte di Dante.

- Nella seconda terrazza, dedicata all'invidia, Dante e Virgilio sentono voci che raccontano esempi di carità. In questa terrazza i peccatori hanno gli occhi cuciti con dei fili.

- Sulla terza terrazza, gli individui vengono purificati dal peccato dell'ira. Qui, Dante ha visioni di scene di umiltà.

Sogni, cibo, amore e il muro di fuoco

- La quarta terrazza purifica i peccatori colpevoli di pigrizia facendoli lavorare costantemente.

- La quinta terrazza purifica il peccato dell'avarizia, che deriva dall'eccessivo amore per i beni materiali. Gli avari vengono fatti sdraiare a faccia in giù sul terreno e non possono muoversi.

- La sesta terrazza, dove il peccato di gola viene purificato, è piena di alberi. Tuttavia, i golosi di questo livello non possono raggiungere i frutti sui loro rami e le voci che provengono dagli alberi predicano la moderazione.

- La settima terrazza è popolata da coloro che si sono macchiati del peccato di lussuria. Vi si trova un muro di fuoco che le anime devono attraversare, e nel farlo vengono raccontati esempi di castità e fedeltà. A questo punto Virgilio deve lasciare Dante: essendo stato condannato all'Inferno, non può entrare in Paradiso.

PARADISO

Il grifone e la carrozza d'oro

Dante entra nel Paradiso Terrestre e, accompagnato da Santa Matilde, assiste a una processione composta da quattro animali, Beatrice in carrozza, un grifone che rappresenta Gesù, tre donne che rappresentano la fede, la carità e la speranza, due anziane che rappresentano gli Atti degli Apostoli e le Epistole Paoline e un vecchio che rappresenta l'Apocalisse.

Dante viene immerso nel fiume Lethe, che lava via il ricordo dei suoi peccati, e Beatrice gli predice un futuro luminoso nella Chiesa. Dante è ora pronto per entrare in Paradiso.

I cieli e il loro movimento

Il Paradiso è diviso in nove cieli che corrispondono ad alcuni pianeti del sistema solare. Questa divisione è legata alla cosmologia aristotelica: si credeva che il movimento delle stelle fosse controllato da altre entità, e Dante pensava che queste entità potessero essere solo esseri angelici.

Dante e Beatrice salgono al Paradiso in una palla di fuoco. Il primo cielo che raggiungono è quello della Luna, che ospita coloro che erano fondamentalmente buoni ma che hanno commesso atti peccaminosi sotto pressione. Dante vede queste anime come riflessi in acque cristalline. Questo cielo è mosso dagli angeli, che sono il grado più basso di tutti gli esseri angelici.

Il secondo cielo è Mercurio, dove risiedono gli individui che sono stati motivati a fare del bene per ragioni terrene piuttosto che divine. Mercurio è simile alla Luna per molti aspetti: gli esseri che ospita appaiono scintillanti, ed è mosso dagli Arcangeli, che sono anch'essi in fondo alla gerarchia divina.

Coloro che hanno amato troppo si trovano in Venere e assumono la forma di lampi di luce in rapido movimento.

Il saggio e una gigantesca croce rossa

I saggi risiedono sul Sole. In questo cielo risiedono i Dottori della Chiesa, ossia i santi che hanno svolto un ruolo particolarmente importante nello stabilire i precetti fondamentali del cattolicesimo. Qui gli esseri danzano insieme formando cerchi di luci abbaglianti e il cielo è mosso dalle Potenze, che possiedono un'intelligenza di ordine superiore.

Il quinto cielo, Marte, è mosso dalle Virtù e ospita le anime morte per la fede. Esse sono disposte a formare una gigantesca croce rossa, al centro della quale si trova Gesù, il primo martire della Chiesa.

Giove, il sesto cielo, è riservato ai Giusti. Le loro anime assumono la forma di luci che prima scandiscono un passo del Libro della Sapienza, poi cambiano posizione e raffigurano un'aquila gigante.

Saturno, il settimo cielo, ospita gli Spiriti Contemplativi, che assumono la forma di luci luminose che salgono e scendono da una serie di scale luminose. Questo cielo è mosso dai Troni, che sono al vertice della gerarchia degli esseri angelici.

La visione di Dio dei cieli

Dal cielo delle Stelle Fisse, che costituisce l'ottavo livello del Paradiso, Dante può vedere chiaramente i pianeti. Le anime danzano intorno a una luce emessa da Gesù e dalla Vergine Maria. Gli oggetti in questo cielo sono mossi dai Cherubini.

Il paradiso più alto è la Sfera Cristallina. Mentre si trova qui, Dante parla di alcuni angeli caduti in disgrazia. Poi salgono nell'Empireo e Beatrice appare più bella che mai. Questo livello si trova al di là del mondo fisico, al di fuori del tempo e dello spazio, e ospita la Vergine Maria, gli angeli e Dio stesso. È formato da tre cerchi concentrici di luce, che rappresentano il Padre, il Figlio e lo Spirito Santo. In basso si vedono brillare le stelle.

STUDIO DEL CARATTERE

Stilare un elenco completo dei personaggi de *La Divina Commedia* è un compito eccezionalmente difficile, in quanto l'Inferno, il Purgatorio e il Paradiso sono pieni di figure antecedenti al tempo di Dante, di personaggi di spicco della sua epoca e di personaggi tratti da testi biblici e mitologici. In effetti, questi tre regni sono così densamente popolati che il lettore potrebbe sentirsi sopraffatto dall'enorme varietà di città, periodi di tempo e sistemi di credenze rappresentati. Tuttavia, gran parte della ricchezza del testo deriva da questa incredibile varietà di personaggi e dalla sua rappresentazione realistica e diversificata dell'umanità.

DANTE

Questo personaggio condivide il nome dell'autore, rendendo *La Divina Commedia* una delle prime opere pseudo-autobiografiche (il che significa che, sebbene il protagonista sia una persona reale, gli eventi raccontati nel romanzo sono fittizi). Passando attraverso l'Inferno, il Purgatorio e il Paradiso, impara a conoscere se stesso, si sviluppa come personaggio e comincia a capire il senso della sua vita.

Il lettore scopre cosa accade in questi regni divini e impara a conoscere questi mondi alternativi attraverso gli occhi di Dante. La sua importanza come personaggio non deriva tanto dalle sue parole o azioni, quanto dalle sue peregrinazioni e dalle discussioni con le altre figure che incontra. Egli è curioso per natura ed è desideroso di porre domande ai sacerdoti e ai re medievali che incontra nell'Inferno.

In un certo senso, Dante svolge lo stesso ruolo degli autori di guide turistiche, in quanto ci indica i luoghi di interesse e ci permette di familiarizzare con i tre regni divini. Può anche essere paragonato a una guida turistica, dato che viaggiamo insieme a lui attraverso l'Inferno, il Purgatorio e il Paradiso.

VIRGILIO

Se Dante può essere considerato la guida turistica del lettore, egli ha anche la sua guida ai tre regni divini sotto forma di Virgilio. Il poeta romano si rivela una guida compassionevole, determinata e solidale, che non mette fretta al suo compagno ed è sempre presente per aiutarlo attraverso l'Inferno e il Purgatorio. Egli serve anche a introdurre il tema della storia della letteratura. Dante conosceva bene tutti gli scrittori e i pensatori che lo avevano preceduto e ne ha collocati molti in Paradiso per onorare il loro contributo. Di tutti questi scrittori, il ruolo di Virgilio è il più impressionante: non solo conduce il suo compagno attraverso la città di Dis e in cima alla Montagna del Purgatorio, ma è anche un conversatore accattivante che gli insegna la cosmologia, la storia, la letteratura e la lingua. Incoraggia Dante a esprimere le proprie idee e i due uomini hanno molte conversazioni interessanti nel corso del loro lungo viaggio.

BEATRICE

Beatrice è al centro del poema. Alcuni critici hanno cercato di identificarla con la vera Beatrice, con cui Dante parlava appena, e di completare la storia della sua vita. Tuttavia, chi fosse realmente è molto meno importante del ruolo che Dante le attribuisce: attraverso la sua scrittura, viene trasformata in un'eroina e nell'incarnazione di tutto ciò che è buono nel mondo. È associata all'amore e anche a Dio, poiché è la persona che guida Dante attraverso il Paradiso. Il critico tedesco Erich Auerbach (1892-1957) ha sostenuto che, insieme a Dante, è il primo personaggio veramente moderno nella sua complessità, poiché è multidimensionale e ha le sue debolezze e contraddizioni.

MAOMETTO

L'inclusione del profeta Maometto ha suscitato un acceso dibattito. Sebbene sia indicativo dell'influenza che i testi arabi hanno avuto sul romanzo, Dante vede Maometto come un traditore e lo considera con non celato disprezzo. Al contrario, altri pensatori e guerrieri musulmani come Avicenna (filosofo e scienziato persiano, 980-1037) e Saladino (sultano di Egitto, Siria, Yemen e Palestina, 1137/8-1193) sono rappresentati in una luce positiva. In effetti, Dante incontra questi due uomini nel Limbo, che è riservato alle persone buone che non hanno conosciuto Gesù.

FRANCESCA E PAOLO

Dante incontra all'Inferno gli amanti adulteri Francesca e Paolo, che erano fratello e cognata. Sono stati uccisi dal marito di Francesca, che era anche il fratello di Paolo, e dopo la loro morte la coppia è stata mandata direttamente all'Inferno. Il passo in cui Dante racconta la loro storia è uno dei più commoventi e memorabili dell'intero testo. È interessante notare che la loro punizione non sembra troppo dura: sono condannati a trascorrere l'eternità chiusi in un abbraccio mentre una folata di vento li solleva da terra. Dante assume un atteggiamento compassionevole nei loro confronti, e loro gliene sono grati.

CONTE UGOLINO

La storia del Conte Ugolino è straordinariamente macabra e svolge un ruolo importante nel racconto. Ha ispirato numerose altre opere d'arte e analisi critiche, tra cui un racconto di Jorge Luis Borges (poeta, saggista e scrittore di racconti argentino, 1899-1986). Il fatto che il Conte sia ricorso al cannibalismo durante la sua prigionia cattura immediatamente la nostra attenzione, e l'immagine di lui con la bocca piena dei capelli del peccatore che sta mangiando lascia un'impressione duratura. È un personaggio tragico, complesso e in fondo profondamente umano, la cui apparente crudeltà è rappresentata con un sorprendente grado di realismo.

ANALISI

FORMA

Struttura

La Divina Commedia è divisa in tre parti – *Inferno*, *Purgatorio* e *Paradiso* – ciascuna delle quali è suddivisa in canti (la principale forma di divisione nei poemi lunghi). L'*Inferno* contiene 34 canti, il primo dei quali funge da introduzione al poema nel suo complesso, mentre il *Purgatorio* e il *Paradiso* comprendono 33 canti ciascuno. Il totale è di 100 canti, un numero considerato importante nel Medioevo e spesso presente nei testi didattici.

La predominanza del numero tre in queste divisioni non è casuale: riecheggia la Santa Trinità della Chiesa cattolica. I multipli di tre sono presenti anche in altre parti del testo, ad esempio nelle tre bocche di Lucifero, nei nove cerchi dell'Inferno, nelle nove zone del Purgatorio e nei nove cieli del Paradiso. I versi endecasillabi (11 sillabe) dell'originale italiano sono organizzati in terzine, cioè gruppi di tre versi in cui il primo e il terzo rima e il secondo rima con il primo e il terzo del gruppo successivo. Questo significa anche che ogni terzina nella versione italiana del poema è composta da 33 sillabe.

Il critico spagnolo Carlos Alvar (nato nel 1951) sottolinea che il numero tre simboleggia la perfezione di Dio nelle tre figure del Padre, del Figlio e dello Spirito Santo, e sostiene che la predominanza di questo numero indica il desiderio di Dante di produrre un'opera formalmente perfetta, fornendo al contempo una rappresentazione completa di tutta la storia e del pensiero e di tutti i personaggi più importanti che siano mai vissuti (2010).

Lingua e stile

La varietà di stili utilizzati ne *La Divina Commedia* non aveva precedenti all'epoca, poiché il testo mescola senza soluzione di continuità il registro comico, tragico, epico e poetico. Ad esempio, il linguaggio usato per descrivere gli ipocriti che si immergono negli escrementi è comico e crudo; la storia di Paolo e Francesca è raccontata con uno stile nostalgico e appassionato che ricorda quello dei trovatori della letteratura occitana; il passo che descrive il destino di Ugolino è cupo e teatrale. Questi stili diversi, che spaziano dal linguaggio della gente comune a quello più devoto usato per descrivere il divino, riflettono la diversità dell'opera di Dante e l'ampia gamma di personaggi che egli ritrae.

La Divina Commedia ha avuto un ruolo fondamentale nello sviluppo della lingua italiana. È stata scritta nel toscano, lingua nativa di Dante, che da dialetto tra i tanti è diventato la lingua standard di un intero Paese e di un'intera cultura. Questa lingua è stata plasmata e sviluppata da Dante e l'italiano standard è stato fortemente influenzato dalle sue scelte stilistiche. La scelta della lingua per il suo poema è stata rivoluzionaria: all'epoca in cui scriveva, la stragrande maggioranza dei testi letterari era scritta in latino piuttosto che in volgare. L'uso della lingua parlata dalla gente comune gli permise inoltre di affrontare una gamma più ampia di argomenti, compresi quelli che all'epoca non erano considerati dotti.

La ricchezza del testo dantesco non deriva solo dal suo linguaggio, ma anche dalla miriade di interpretazioni a cui ha dato luogo. Esso assume la forma di una complessa allegoria e di una metafora estesa, poiché oltre al senso letterale del poema, dietro le sue parole si cela un significato secondario. Ad esempio, la "selva oscura" a cui si fa riferimento nel terzetto iniziale del poema si presta sia a un'interpretazione letterale, in cui Dante è realmente perso in una tetra foresta circondata da animali selvatici, sia a un'interpretazione metaforica, in cui la selva rappresenterebbe la sua confusione spirituale e la lotta per dare un senso ai propri pensieri e comportamenti.

Questa più ampia allegoria del viaggio spirituale di Dante comprende una serie di allegorie minori. Dante ha prestato particolare attenzione al simbolismo nel suo testo. Per esempio, ognuna delle tre parti termina con la parola "stella", che per lui simboleggia la conoscenza, la crescita e lo sviluppo spirituale dell'umanità. Allo stesso modo, alcuni dei suoi personaggi rappresentano particolari virtù: Virgilio rappresenta la saggezza, mentre Beatrice simboleggia la fede. In questo modo, Dante utilizza il suo testo per rappresentare tutto ciò che è esistito, che esiste attualmente e che esisterà. Le sue rappresentazioni dell'Inferno, del Purgatorio e del Paradiso sono profondamente umane e per molti versi i suoi personaggi, con tutte le loro complessità e contraddizioni, non sono dissimili dai tipi di personaggi che potremmo trovare nella narrativa moderna.

TEMI

L'opera di Dante si è rivelata così influente da dare origine all'aggettivo "dantesco", usato per descrivere cose cupe e sinister. L'inferno contiene moltissime cose: forse la cosa più spaventosa non sono le punizioni inflitte ai peccatori, ma la sua sorprendente somiglianza con il mondo in cui viviamo. Le città dei nostri giorni, con il loro caos e i loro palazzi affollati, hanno molto in comune con l'Inferno di Dante, e i temi che egli esplora nel suo viaggio attraverso di esso, come l'esilio, la religione, l'amore, la crudeltà e la tristezza, sono ancora attuali.

Amore cortese

L'amore, nelle sue forme platoniche e romantiche, è stato un tema ricorrente nella letteratura e in altre forme di espressione nel corso dei secoli. Alcuni dei primi esempi di questo tema si trovano nella poesia occitana, nata nel sud della Francia durante il Medioevo e scritta in lingua volgare, un'innovazione importante per l'epoca. In precedenza, la poesia era stata utilizzata per rappresentare la guerra, come nel caso dell'*Iliade* e dell'*Odissea*, due dei più famosi e influenti poemi epici mai scritti. I poeti occitani, invece, si dedicarono all'amore, all'intimità e alla relazione tra amanti. Svilupparono il concetto di amore cortese, un codice di comportamento altamente convenzionalizzato che enfatizzava la cavalleria, la nobiltà e la totale sottomissione alla persona amata.

In un certo senso, i poeti occitani erano straordinariamente moderni. I loro soggetti preferiti non erano le gesta di grandi uomini, ma piuttosto le relazioni amorose tra persone comuni nelle corti d'Europa (anche se queste relazioni erano inevitabilmente idealizzate). Le loro poesie raffigurano amori proibiti e molti dei loro protagonisti sono uomini che desiderano una donna sposata con cui non hanno mai parlato. Ciò significa che non conoscono realmente gli oggetti dei loro affetti e danno invece libero sfogo alla loro immaginazione, trasformando queste donne in figure pure, impeccabili e idealizzate.

Dante, e la letteratura italiana in generale, hanno tratto grande ispirazione dalla poesia occitana e dalla tradizione dell'amor cortese. Secondo il critico José Antonio Triguera, nel Medioevo le opere dei trovatori erano considerate dei classici, come oggi Dante e Omero (presunto autore dell'Odissea e dell'Iliade, circa XVII – IX secolo a.C.).

Dante idealizza Beatrice, la associa a Dio e la immagina perfetta, bella e pura. A un certo punto del poema, lei lo rimprovera per i suoi peccati. Tuttavia, questa apparente perfezione nasconde un grado di complessità che la distingue dalle donne descritte dai trovatori, a volte monodimensionali. Sebbene la sua caratterizzazione possa essere collegata al concetto di amor cortese, in quanto è idealizzata e vista come lontana dalle preoccupazioni mondane nel corso della narrazione (mentre lei è in Paradiso, Dante crede di essere destinato al Purgatorio dopo la morte), per molti aspetti è un personaggio moderno: la sua personalità è descritta con un grado di precisione molto insolito per l'epoca, si sviluppa nel corso della storia e interagisce con gli altri personaggi.

La storia della letteratura

La Divina Commedia si proponeva di esplorare tutti gli argomenti, tutti gli autori e tutte le opere che esistevano all'epoca e, cosa ancora più ambiziosa, che sarebbero potute esistere. Oltre alla commedia, alla tragedia, al teatro e al pettegolezzo, *La Divina Commedia* presenta un'ampia esplorazione della storia della letteratura e fa riferimento agli autori e ai pensatori Ovidio, Virgilio, Omero, Avicenna, Orazio (poeta romano, 65-8 a.C.), San Tommaso d'Aquino, Lucano (poeta romano, 39-65), Pseudo-Dionigi l'Areopagita (teologo e filosofo cristiano, fine V inizio VI secolo), Sant'Isodoro di Siviglia (Padre della Chiesa, c. 560-636) e Sant'Agostino (vescovo e teologo cristiano, 354-430), oltre a numerose figure letterarie, bibliche e mitologiche, tra cui Enea, Elettra, Ettore, Minore, il Minotauro e Salomone (re di Israele).

L'inclusione di questi personaggi permette a Dante di tracciare la storia della letteratura fino al Medioevo, e rende anche chiara la sua opinione su determinati scrittori scegliendo di collocarli nell'Inferno, nel Purgatorio o nel Paradiso. Ad esempio, come sottolinea Borges, gli scrittori non cattolici sono collocati in un castello, che è allo stesso tempo una salvezza e una punizione: sono condannati a parlare di letteratura per l'eternità senza poter scrivere. Più precisamente, nell'Inferno incontriamo Ovidio (poeta romano, 43 a.C.-17) e Omero, che guardano con espressioni tristi; nel Purgatorio, i contemporanei di Dante lodano la sua precedente opera *Vita Nuova*; e nel Paradiso conversa con San Tommaso d'Aquino (1224/5-1274), il più importante teologo e filosofo cristiano del Medioevo.

Dante non si limita a raccontare la storia della letteratura, ma la arricchisce. Ad esempio, il passo in cui Ulisse racconta come è morto è una sua invenzione, un modo per ampliare e arricchire la tradizione letteraria esistente.

La religione

La religione è uno dei temi più importanti all'interno de *La Divina Commedia*, poiché il viaggio di Dante lo porta attraverso l'Inferno, il Purgatorio e il Paradiso e lo mette a confronto con angeli e demoni. Il poema attinge alle idee sulla vita dopo la morte contenute in una serie di testi religiosi e filosofici e fornisce una prospettiva estremamente personale, in quanto l'autore/protagonista e i suoi personaggi possono solo guardare con stupore o terrore al destino che è stato preparato per loro.

Sebbene gli autori precedenti avessero avanzato le loro teorie su ciò che accade alle persone dopo la morte, tendevano a concentrare la loro attenzione su grandi uomini come re e leader religiosi, rendendo Dante il primo scrittore a popolare l'Inferno con persone comuni e i loro vizi.

La concezione dell'inferno

Il Vangelo apocrifo di Nicodemo è diviso in due parti: la prima racconta il processo a Gesù dal punto di vista di Ponzio Pilato, mentre la seconda descrive il viaggio di Gesù verso l'inferno nel corso dei tre giorni successivi alla sua morte. Durante il viaggio, salva gli uomini pii vissuti prima di lui, come Mosè, Adamo e Noè. La sua discesa all'Inferno provoca un terremoto devastante, che Dante prende come punto di partenza per il suo testo, in cui descrive la distruzione provocata da questo cataclisma.

Oltre a questo Vangelo apocrifo, Dante attinge a una serie di altri testi per immaginare una struttura dettagliata dei regni divini, in cui Inferno, Purgatorio e Paradiso hanno ciascuno la propria architettura interna. Prima de *La Divina Commedia*, non esisteva una concezione universalmente riconosciuta dell'Inferno all'interno del cristianesimo, ma le immagini e le idee introdotte da Dante hanno avuto un impatto duraturo sui lettori e sui credenti e sono spesso riprodotte nelle chiese e nei film ancora oggi.

È anche significativo che l'Inferno sia rappresentato come una città, poiché la metropoli è un luogo in cui gli individui si nascondono, interagiscono, parlano tra loro e formano comunità. L'Inferno condivide gli stessi problemi delle città medievali e, di fatto, di quelle moderne, tra cui le intricate relazioni amorose, l'odio, la distruzione e gli scontri tra i criminali e le forze dell'ordine.

Il rapporto di Dante con l'Islam

Dante ha attinto anche a testi islamici, come il *Libro della scala di Maometto*, che racconta come il profeta Maometto visitò il Paradiso e l'Inferno. In effetti, le somiglianze tra questo testo religioso e *La Divina Commedia* sono sorprendenti.

A differenza della Bibbia, che menziona raramente ciò che accade dopo la morte, il Corano descrive dettagliatamente il Paradiso e l'Inferno. Nonostante la diffidenza di Dante nei confronti dell'Islam come religione, molte delle sue conoscenze derivano dal pensiero arabo, attraverso le opere di scrittori spagnoli e le traduzioni di Avicenna e Averroè (filosofo musulmano, 1126-1198) di testi aristotelici. Ciò riflette l'influenza del pensiero islamico in Europa durante il Medioevo: nonostante l'intolleranza e la diffidenza reciproca che dividevano musulmani e cristiani, le conoscenze maturate dagli studiosi musulmani hanno svolto un ruolo fondamentale in numerosi Paesi e circoli intellettuali.

Umorismo popolare

Il *Dolce Stil Novo* si riferisce a un movimento letterario italiano del XIII secolo, di cui faceva parte Dante, che esplorava le storie, le emozioni, i pensieri e il linguaggio di persone estranee alla regalità e alla nobiltà. Un esempio un po' più tardo di questa nuova varietà tematica è il *Decameron* (1349-1353) di Giovanni Bocaccio (poeta e letterato italiano, 1313-1375), una raccolta di 100 racconti i cui protagonisti includono adulteri e venditori ambulanti, spesso ossessionati dal sesso, ingannevoli o pieni di vizi. Mentre gli eroi di testi classici come l'*Iliade* sono forti, intelligenti, virtuosi e potenti, e non hanno difetti significativi, i personaggi raffigurati dai poeti del *Dolce Stil Novo* sono gelosi, meschini, brutti, corrotti, mendaci e astuti.

Se da un lato Dante illustra la perfezione di Dio e della sfera celeste da lui presieduta e idealizza la sua amante Beatrice, dall'altro ritrae con minuzia di particolari figure meno nobili come i sodomiti, i criminali e i lussuriosi. Sebbene questo tipo di personaggi sia oggi comune nei libri, nei film e nei programmi televisivi, all'epoca la loro inclusione in una narrazione di fantasia era a dir poco rivoluzionaria.

Adattamenti artistici e musicali

La Divina Commedia ha ispirato una serie di adattamenti artistici e musicali. Uno degli adattamenti più noti è la serie incompiuta di incisioni prodotte dallo scrittore e artista britannico William Blake (1757-1827), che raffigura una serie di creature mostruose con colori vividi e dettagli minuziosi. C'è qualcosa di strano e quasi mistico nelle immagini di Blake, che raffigurano figure le cui torture sembrano privarle della loro umanità.

Il compositore russo Tchaikovsky (1840-1893) ha reso omaggio agli amanti adulteri raffigurati nell'opera dantesca con il poema sinfonico *Francesca da Rimini*, che utilizza percussioni e strumenti a fiato per riprodurre le potenti raffiche che tengono Francesca e Paolo sospesi a terra. Anche i *Quattro pezzi sacri* di Giuseppe Verdi (1813-1901) sono ispirati a *La Divina Commedia* e rappresentano un viaggio nel Paradiso. I brani sono pensati per essere eseguiti da un'orchestra e da un coro a maggioranza femminile, con l'obiettivo di riprodurre la grazia e la luce del cielo. Questo è particolarmente vero per il primo brano, *Ave Maria*.

La pluripremiata serie di fumetti *The Sandman* (1989-1996) dell'autore americano Neil Gaiman (nato nel 1960) attinge a elementi de *La Divina Commedia* per la sua versione dell'Inferno, popolato da strani personaggi e sogni danteschi. Il gruppo di musica elettronica Tangerine Dream ha pubblicato tre concept album, *Inferno* (2002), *Purgatorio* (2004) e *Paradiso* (2006), basati su questi tre regni. Inoltre, numerose serie televisive contemporanee, tra cui *How I Met Your Mother*, *I Soprano* e *Mad Men*, contengono riferimenti a *La Divina Commedia*.

ULTERIORI RIFLESSIONI

ALCUNE DOMANDE SU CUI RIFLETTERE...

- Quali altre rappresentazioni dell'Inferno avete trovato in libri, film e serie televisive? In che modo sono simili o diverse dall'Inferno rappresentato ne *La Divina Commedia*?

- L'allegoria gioca un ruolo fondamentale nell'opera dantesca. In che modo il poema potrebbe servire da allegoria per la vita contemporanea nelle città moderne?

- Beatrice ha un ruolo centrale ed è un personaggio idealizzato che sembra più divino che mortale. Come la vedresti da una prospettiva moderna? Potrebbe essere descritta come un personaggio femminista o la rappresentazione che Dante ne fa è ancora radicata nel sessismo?

- Dante scrisse *La Divina Commedia* in un periodo in cui era tormentato dalla confusione politica e spirituale e viveva in esilio. Pensa che scrivere il poema sia stata un'esperienza catartica per lui?

- Come immagina un Lucifero dei giorni nostri?

- Quanto è importante oggi l'amore cortese? Crede che nella vita reale idealizziamo ancora la persona che amiamo o questo è limitato ai film e alle canzoni pop?

- *La Divina Commedia* fu completata meno di due secoli prima che Cristoforo Colombo (esploratore genovese, 1451-1506) salpasse per l'America, con conseguenze drastiche per l'Europa e il resto del mondo. Come pensi che il testo sarebbe stato diverso se Dante fosse stato a conoscenza dell'esistenza di un altro continente?

• Perché, secondo lei, Dante ha inserito la parola "commedia" nel titolo della sua opera?

• L'arte occupa un posto importante nel Purgatorio e Dante riceve esempi di comportamenti virtuosi e di peccato attraverso sculture e canti. Come pensa che sarebbe stato diverso se avesse scritto nel XXI secolo, ora che esistono internet e le registrazioni digitali?

• Quali luoghi della vostra città (spiagge, cimiteri, prigioni, ecc.) assomigliano all'Inferno, al Purgatorio e al Paradiso? Spiegate e giustificate la vostra risposta con degli esempi.

ULTERIORI LETTURE

EDIZIONE DI RIFERIMENTO

Dante (2012) *La Divina Commedia: Inferno, Purgatorio, Paradiso*. Trans. Kirkpatrick, R. Londra: Penguin.

STUDI DI RIFERIMENTO

Alvar, C. (2010) *Prólogo a* Divina Comedia*, de Dante Alighieri*. Madrid: Alianza Editorial.

Boase, R. (1977) *L'origine e il significato dell'amore cortese*. Manchester: Manchester University Press.

Borges, J. L. (2009) *Sette notti*. Trans. Weinberger, E. New York: New Directions.

Eco, U. (1988) *L'estetica di Tommaso d'Aquino*. Cambridge, Massachusetts: Harvard University Press.

Eco, U. (2015) Dante e l'islamismo. *El Espectador*. [Online]. [Accessed 6 April 2018]. Disponibile da: <https://www.elespectador.com/opinion/dante-y-el-islamismo-columna-548111>

Freccero, J. (1993) Introduzione all'*Inferno*. In: R. Jacoff, ed. (1993) *The Cambridge Companion to Dante*. Cambridge: Cambridge University Press. pp. 172-191.

Gangui, A. (Senza data) La cosmologia della Divina Commedia. *Instituto de Astronomía y Física del Espacio, CONICET, Centro de Formación e Investigación en Enseñanza de las Ciencias e Departamento de Física, Facultad de Ciencias Exactas y Naturales, UBA*. [Online]. [Accessed 6 April 2018]. Disponibile da: <https://arxiv.org/ftp/arxiv/papers/0806/0806.4202.pdf>

González-Blanco, E. (2010) *Evangelios apócrifos*. Messico: Dirección de Publicaciones del Consejo Nacional para la Cultura y las Artes.

(2011) *Sacra Bibbia: Versione di Re Giacomo*. Londra: Collins.

(Senza data) La Jerarquía Celeste. *Librería Arcángel Rafael*. [Online]. [Accessed 6 April 2018]. Disponibile da: <http://www.arcangelrafael.com.ar/lajerarquiacelestedionisio.html>

Majad, M. A. (2009) La cultura musulmana e la Divina Commedia. *WebIslam*. [Online]. [Accessed 6 April 2018]. Disponibile da: <https://www.webislam.com/articulos/35258-la_cultura_musulmana_y_la_divina_comedia.html>

Swabey, F. (2004) *Eleanor of Aquitaine, Courtly Love, and the Troubadours*. Westport: Greenwood Publishing Group.

(2008) *Il Corano*. Trans. Abdel Haleem, M. A. S. Oxford: Oxford University Press.

Trigueros, J. A. (1992) *Conceptos fundamentales de la poética teórica de Dante Alighieri*. Murcia: Universidad de Murcia.

LETTURA CONSIGLIATA

Hainsworth, P. e Robey, D. (2015) *Dante: A Very Short Introduction*. Oxford: Oxford University Press.

Jacoff, R. ed. (1993) *The Cambridge Companion to Dante*. Cambridge: Cambridge University Press.

Shaw, P. (2015) *Leggere Dante: Da qui all'eternità*. New York: Liverlight.

Vogliamo sapere da voi!
Lasciate un commento sulla vostra biblioteca online
e condividete i vostri libri preferiti sui social media!

Perché scegliere Must Read?

Scoprite tutto quello che c'è da sapere su un libro, con i nostri riassunti e le nostre analisi concise e approfondite!

Scoprite il meglio della letteratura sotto una luce completamente nuova!

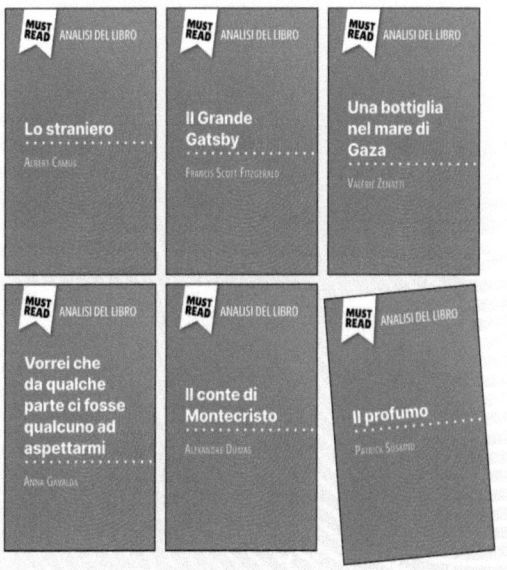

www.50minutes.com

Master ISBN: 9782808690515
ISBN cartaceo: 9782808611916
Deposito legale: D/2023/12603/1471

Copertura: © Primento

Concezione digitale a cura di Primento, il partner digitale degli editori.